BEI GRIN MACHT SICH
WISSEN BEZAHLT

- Wir veröffentlichen Ihre Hausarbeit, Bachelor- und Masterarbeit
- Ihr eigenes eBook und Buch - weltweit in allen wichtigen Shops
- Verdienen Sie an jedem Verkauf

Jetzt bei www.GRIN.com hochladen und kostenlos publizieren

Sonia Sippel

Untersuchung des bilateralen Transfers

GRIN Verlag

Bibliografische Information der Deutschen Nationalbibliothek:

Die Deutsche Bibliothek verzeichnet diese Publikation in der Deutschen Nationalbibliografie; detaillierte bibliografische Daten sind im Internet über http://dnb.d-nb.de/ abrufbar.

Dieses Werk sowie alle darin enthaltenen einzelnen Beiträge und Abbildungen sind urheberrechtlich geschützt. Jede Verwertung, die nicht ausdrücklich vom Urheberrechtsschutz zugelassen ist, bedarf der vorherigen Zustimmung des Verlages. Das gilt insbesondere für Vervielfältigungen, Bearbeitungen, Übersetzungen, Mikroverfilmungen, Auswertungen durch Datenbanken und für die Einspeicherung und Verarbeitung in elektronische Systeme. Alle Rechte, auch die des auszugsweisen Nachdrucks, der fotomechanischen Wiedergabe (einschließlich Mikrokopie) sowie der Auswertung durch Datenbanken oder ähnliche Einrichtungen, vorbehalten.

Impressum:

Copyright © 2002 GRIN Verlag GmbH
Druck und Bindung: Books on Demand GmbH, Norderstedt Germany
ISBN: 978-3-638-75400-2

Dieses Buch bei GRIN:

http://www.grin.com/de/e-book/67280/untersuchung-des-bilateralen-transfers

GRIN - Your knowledge has value

Der GRIN Verlag publiziert seit 1998 wissenschaftliche Arbeiten von Studenten, Hochschullehrern und anderen Akademikern als eBook und gedrucktes Buch. Die Verlagswebsite www.grin.com ist die ideale Plattform zur Veröffentlichung von Hausarbeiten, Abschlussarbeiten, wissenschaftlichen Aufsätzen, Dissertationen und Fachbüchern.

Besuchen Sie uns im Internet:

http://www.grin.com/

http://www.facebook.com/grincom

http://www.twitter.com/grin_com

Justus-Liebig-Universität Gießen

Fachbereich Psychologie der Justus-Liebig-Universität Gießen

Experimentalpsychologisches Praktikum II, WS 2002/2003

Seminararbeit

Bilateraler Transfer

Sonia Sippel

Datum: 13. 12. 2002

Gruppe: 7 A

Inhaltsverzeichnis

Zusammenfassung 3

Einleitung 4

    Gegenwärtiger Stand der Forschung 4

    Ziel und Zweck der Untersuchung 8

    Untersuchungshypothesen 8

Methode 9

    Versuchspersonen 9

    Material und Apparatur 9

    Versuchsaufbau und -durchführung 10

Befunde 12

Diskussion 16

Literaturverzeichnis 17

Zusammenfassung

Der im Folgenden erklärte Versuch beschäftigte sich mit der Untersuchung des bilateralen Transfers (BLT). BLT beschreibt die Übungsübertragung von einer Körperhälfte auf die andere. In der Trainingsphase sollte die Experimentalgruppe zwölfmal eine sechszackige Sternfigur mit der dominanten Hand an einem Spiegelzeichner nachfahren. Währenddessen führte die Kontrollgruppe den d2-Konzentrationstest durch. In der anschließenden Testphase sollten beide Gruppen den Stern viermal in gegenläufiger Richtung mit der nicht-dominanten Hand nachfahren.

Die Experimentalgruppe musste aufgrund des bilateralen Transfers wesentlich besser abschneiden als die Kontrollgruppe. Durch den *t*-Test für unabhängige Stichproben ist ein signifikanter Unterschied zwischen den mittleren Zeiten beider Gruppen ermittelt worden. Die Experimentalgruppe war in der Testphase signifikant schneller als die Kontrollgruppe. Also hat bei der Experimentalgruppe ein Transfer von der dominanten auf die nicht-dominante Hand stattgefunden. Auch bestätigte sich die Annahme aufgrund des Potenzgesetzes.

Einleitung

Gegenwärtiger Stand der Forschung

Transfer. Dieser Begriff beschreibt die Übungsübertragung einer bereits gelernten Aufgabe auf einen zu erlernenden Vorgang. Man unterscheidet dabei zwischen positivem und negativem Transfer. Positiver Transfer findet statt, wenn ein zuvor gelernter Vorgang bei einer späteren Aufgabe Anwendung findet. Beispielsweise lernt ein Kind, das bereits Rollschuh-fahren kann, schneller Schlittschuhlaufen als ein Kind, das es nicht vorher gelernt hat. Wird das genaue Gegenteil des vorher Gelernten angewandt und es kommt deswegen zu Interferenzen, nennt man dies negativen Transfer.

Positiver Transfereffekt. Erweist sich das Üben und Lernen einer Aufgabe A als förderlich für das Ausüben einer Aufgabe B, spricht man von einem positivem Transfereffekt. Ein Beispiel dafür wäre eine Zeiteinsparung beim Lösen der zweiten von zwei ähnlichen Aufgaben.

Negativer Transfereffekt. Wirkt sich das zuvor Geübte und Gelernte dagegen hindernd auf eine nachfolgende Aufgabe aus, so spricht man von einem negativen Transfereffekt. Dies geschieht beispielsweise bei der Umstellung von Linksverkehr auf Rechtsverkehr oder bei der Umstellung von Automatik- auf Schaltgetriebe.

Nulltransfer. Hat das zuvor Gelernte weder eine positive noch eine negative Auswirkung auf die neue Aufgabe, handelt es sich um einen Nulltransfer.

Spezifische und unspezifische Transfereffekte. Transfereffekte werden weiterhin unterteilt in spezifisch und unspezifisch. Spezifische Effekte treten auf, wenn die Folgeaufgaben den Übungsaufgaben ähneln – in Form, Inhalt und vom Prozedere. Unspezifische Effekte wirken sich auf alle Folgeaufgaben aus und werden in zwei weitere Arten unterteilt. Man unterscheidet zum einen das „learning-to-learn, das „Lernen lernen". Dies bezeichnet den Vorgang, bei dem bereits durch das Lernen oder Üben einer Aufgabe die Lernfähigkeit an sich verbessert wird.

Die andere Unterart ist das „warm up", der Warmlaufeffekt. Bei diesem Effekt erhöht das Üben einer Aufgabe das Aktivationsniveau eines Probanden. Dadurch fällt ihm die Bearbeitung einer nächsten Aufgabe leichter. Der Warmlaufeffekt dauert jedoch nicht lange an. Der Effekt des „Lernen lernens" tritt zwar erst etwas später auf, hält dafür aber sehr viel länger an.

Transposition. In der Psychologie beschreibt man mit Transposition eine Übertragung der Beziehung zwischen zwei Reizen auf andere Reize. Dies wird am besten deutlich anhand einer Untersuchung von Wolfgang Köhler (1980, zitiert nach Haubensak, Lachnit & Pieper, 2001). Köhler konditionierte Hühner auf eine mittelgraue Unterlage, indem er ihnen eine dunkel- und eine mittelgraue Unterlage mit Futterkörnern vorlegte. Die Körner auf der dunkelgrauen Unterlage waren allerdings festgeklebt. In der Testphase ersetzte er die dunkelgraue durch eine hellgraue Unterlage. Die Hühner wählten nun die hellgraue Unterlage. Damit waren die Tiere nicht auf die Farbe der Unterlage an sich konditioniert, sondern hatten gelernt, die jeweils hellere von zwei Unterlagen auszuwählen.
Sie transponierten also die Beziehung der beiden Reize auf die neue Situation.

Generalisierung. Bei der Reizgeneralisierung werden Reaktionen, die auf einen Zielreiz konditioniert worden sind, mit einer gewissen Wahrscheinlichkeit auch durch physikalisch ähnliche Reize ausgelöst. Je ähnlicher sich Trainings- und Testreiz sind, desto eher wird die Trainingssituation durch den Testreiz ausgelöst.

Das Ausmaß der Generalisation wird durch den Generalisationsgradienten dargestellt. In einer Untersuchung von Blough (1975) wurden Tauben auf einen Lichtreiz mit einer Wellenlänge λ von 597 nm konditioniert. Mit zunehmendem Abstand vom Trainingsreiz nimmt die Reaktionshäufigkeit ab (siehe Abbildung 1). Das Maximum (*peak*) liegt direkt über dem Trainingsreiz. Es existieren auch asymmetrische Generalisationsgradienten, bei denen das Maximum nach links oder nach rechts verschoben ist. Dieses Phänomen wird *peak shift*-Phänomen genannt. Bei negativen Generalisationsgradienten, den sogenannten Meidungsgradienten, nimmt die Reaktionshäufigkeit in Annäherung an den Trainingsreiz ab. Ein weiterer Faktor, der auf die Stärke des Transfereffekts Einfluss nimmt, ist die Zeit. Je größer der Zeitabstand ist, desto schwächer ist der Effekt.

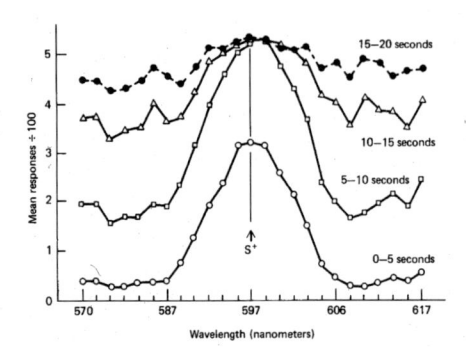

Abbildung 1. Entwicklung des spektralen Generalisationsgradienten bei einer Taube in vier aufeinanderfolgenden Messperioden von je 5 s Dauer. (Blough, 1975; zitiert nach Haubensak et al., 2001).

Wirkung von Reiz- und Reaktionsähnlichkeit. Es besteht ein Zusammenhang zwischen den Reiz- und Reaktionsgeneralisierungsgradienten und der Richtung und Stärke von Transfereffekten. Woodworth-Schlosberg (1954) haben ein Schema entwickelt, das diese Tatsache veranschaulicht (siehe Abbildung 2). Man betrachte folgende Situation: Trainingsstimulus (S1) sei ein rotes Licht, auf das in der Trainingsphase mit dem Drücken der linken Taste (R1) zu reagieren ist. Teststimulus (S2) sei ein grünes Licht, bei dem als Testreaktion (R2) die rechte Taste zu drücken ist. Bei einer Lernwiederholung wird in der Testphase erneut der Reiz S1 dargeboten und die Reaktion R1 gefordert. Dabei ist der positive Transfereffekt am stärksten, da eine maximale Ähnlichkeit von Reizen und Reaktion vorliegt. Falls in der Testphase bei gegebenem Teststimulus (S2) die gleiche Reaktion verlangt wird wie in der Trainingsphase, liegt immer noch ein leicht positiver Transfer vor. Der negative Transfereffekt ist am stärksten, wenn der Stimulus S1 in der Testphase die Gegenreaktion (R2) verlangt. Dabei muss auf das Erscheinen des roten Lichts die rechte Taste statt der linken gedrückt werden. Sind Reize und Reaktionen in den Phasen verschieden, tritt ein Nulltransfer auf. Die gelernte Reiz-Reaktionsverbindung S1-R1 hat keine Auswirkungen auf die in der Testphase geforderte Reiz-Reaktionsverbindung S2-R2.

```
          S1 - R1              S2 - R1
           + +                    +
             └──────────┬─────────┘
                     S1 - R1
             ┌──────────┴─────────┐
            - -                    0
          S1 - R2              S2 - R2
```

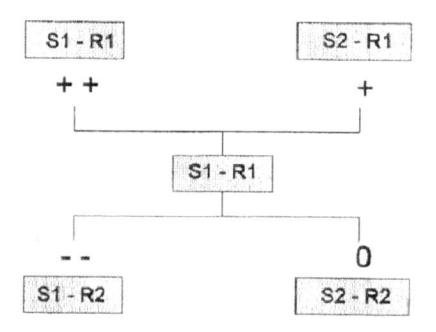

Abbildung 2. Richtung und Stärke spezifischer Transfereffekte nach Woodworth-Schlosberg (1954, zitiert nach Haubensak et al., 2002).

Bilateraler Transfer. Beim bilateralen Transfer handelt es sich um eine spezielle Form des Transfers. Dies beschreibt die Übertragung einer von der einen Körperhälfte erlernten motorischen Fähigkeit auf die andere. Bei einer einhändigen motorischen Übung, lernt die andere Hand latent mit. Ein starker positiver bilateraler Transfer ist dann zu beobachten, wenn gegenläufige Trainings- und Testbewegungen durchgeführt werden.

Um den bilateralen Transfer nachzuweisen, verwendet man häufig einen Spiegelzeichner (siehe Abbildung 3). In der Trainingsphase soll die Versuchsperson eine für sie nur im Spiegel sichtbare Figur mit der dominanten Hand nachzeichnen. In der danach folgenden Testphase soll sie die gleiche Aufgabe mit der nicht-dominanten Hand in Gegenrichtung nachzeichnen.

Ziel und Zweck der Untersuchung

Ziel dieses Experiments ist die Untersuchung des bilateralen Transfers. Überprüft wird, ob sich das Üben einer motorischen Aufgabe mit der dominanten Hand förderlich auf das Ausführen derselben Aufgabe mit der nicht-dominanten Hand auswirkt. Es besteht dabei die Frage, ob Probanden, die in der Trainingsphase diese Aufgabe lernen, in der Testphase besser abschneiden, als ungeübte Probanden.

Weiterhin soll das „Potenzgesetz der Übung" von Newell & Rosenbloom (zitiert nach Haubensak et al., 2001) überprüft werden. Nach diesem Gesetz besteht ein linearer Zusammenhang zwischen der logarithmierten Durchgangszahl und dem logarithmiertem Zeitbedarf pro Durchgang.

Untersuchungshypothesen

Erste Hypothese. Die Mittelwerte der Durchführungszeiten von Experimentalgruppe und Kontrollgruppe in der Testphase unterscheiden sich signifikant. Dabei wird der Mittelwert der Experimentalgruppe unter dem der Kontrollgruppe liegen.

Zweite Hypothese. Je größer die Anzahl an Übungsdurchgängen, desto geringer der Zeitbedarf pro Durchgang. Die Abnahme der Zeit erfolgt logarithmisch.

Methode

Versuchspersonen

Teilnehmer des Experiments waren vier Studierende der Psychologie im Alter zwischen 21 und 28 Jahren, die im dritten Semester an der Justus-Liebig-Universität Gießen waren. Die Untersuchung wurde im Rahmen der Pflichtveranstaltung „Experimentalpsychologisches Praktikum II" im Wintersemester 2002/2003 durchgeführt. Die Versuchspersonen wurden per Zufall in Experimental- und Kontrollgruppe eingeteilt.

Zur Auswertung der Daten wurden die Untersuchungsergebnisse weiterer Praktikumsteilnehmer herangezogen.

Material und Apparatur

Zur Messung des bilateralen Transfers wurden ein Spiegelzeichner verwendet (siehe Abbildung 3). Ein Spiegelzeichner besteht aus einer Bodenplatte, auf der die Reizvorlage befestigt und an deren Vorderfront eine Sichtblende angebracht ist. An der Rückseite der Platte ist in senkrechter Stellung ein Spiegel montiert. Auf diese Weise konnte die Versuchsperson die Reizvorlage und ihre Hand nur im Spiegel sehen. Der Spiegel verkleinert das Bild, stellt es auf den Kopf und verdoppelt die scheinbare Entfernung des gesehenen Objekts. Als Reizvorlage diente eine sechszackige, aus Kreispunkten zusammengesetzte Sternfigur (siehe Anhang 1). Sie befand sich hinter einer Klarsichtfolie, die nach jedem Durchgang mit einem feuchten Tuch abgewischt wurde. Der Versuchsperson stand ein Folienstift zur Verfügung, mit der sie den Stern nachfahren konnte. Dies sollte so schnell, aber auch so genau wie möglich geschehen. Start- und Zielpunkt waren durch einen kleinen schwarzen Pfeil gekennzeichnet, der gleichzeitig die Richtung angab.

Die Durchführungszeit wurde für jeden Probanden mit einer analogen Stoppuhr gemessen und in vorbereitete Protokollbögen in Zehntelsekunden eingetragen (siehe Anhang 2).

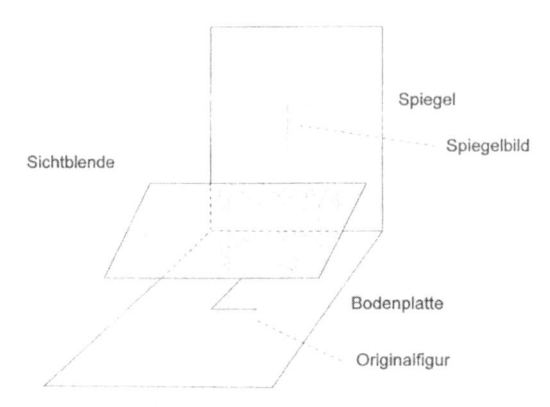

Abbildung 3. Spiegelzeichner

Versuchsaufbau und -durchführung

Versuchsplan. (siehe Tabelle 1).
Der Versuch bestand aus einer Trainings- und einer Testphase. In der Trainingsphase übte die Transfergruppe zwölfmal das Nachfahren der Sternfigur mit der dominanten Hand, während die Mitglieder der Kontrollgruppe den d2-Konzentrationstest durchführten. Da der Konzentrationstest für die Testaufgabe irrelevant war, konnten dadurch die unspezifischen Transfereffekte kontrolliert werden. In der anschließenden Testphase zeichneten beide Gruppen die Sternfigur viermal mit der nicht-dominanten Hand in gegenläufiger Richtung nach. Unterschiedliche Testleistungen geben nach diesem Versuchsplan Aufschluss über spezifische Transfereffekte.

Tabelle 1. Versuchsplan zum Nachweis des bilateralen Transfers.

	Trainingsphase	Testphase
Experimentalgruppe	Dominante Hand 12mal	Nicht-dominante Hand 4mal
Kontrollgruppe	d2-Konzentrationstest	Nicht-dominante Hand 4mal

Versuchsablauf. Der Versuch fand am ersten November 2002 zwischen 10.00 und 12.00 Uhr statt. Versuchsraum war ein kleiner, durch Tages- und Kunstlicht ausreichend beleuchteter Raum im Fachbereich Psychologie der Justus-Liebig-Universität Gießen. Auf einem Tisch war der Spiegelzeichner.

Zunächst wurden die Probanden in Transfer- und Kontrollgruppe durch Losentscheid eingeteilt. Die Kontrollgruppe wurde mündlich instruiert, in einem in der Nähe liegenden Raum den d2-Konzentrationstest mit gegenseitiger Zeitkontrolle durchzuführen (siehe Anhang 3). Die Mitglieder der Transfergruppe wurden aufgefordert, am Tisch Platz zunehmen, sich die schriftliche Instruktion (siehe Anhang 4) aufmerksam durchzulesen und gegebenenfalls Fragen zu stellen. Anschließend kontrollierte der Versuchsleiter die Einstellung der Sichtblende. Danach konnte die Versuchsperson die Sternfigur nur noch im Spiegel sehen. Vor dem ersten Durchgang wurden die Probanden auf die „analytische" Methode hingewiesen, nach der in diesem Experiment das Spiegelzeichnen erlernt werden sollte. Nach Woodworth-Schlosberg (1954) gibt es hierzu mindestens drei Methoden. Die Versuchsteilnehmer wurden darauf aufmerksam gemacht die Hand nach links unten bewegen zu müssen, wenn man nach links oben will und umgekehrt. Weiterhin wurde ihnen geraten, bei Abweichungen impulsive Gegenbewegungen zu vermeiden und bei der Korrektur ruhig zu überlegen.

Auf das Kommando des Versuchsleiters begann die jeweilige Versuchsperson, die Figur in Pfeilrichtung nachzufahren. Dabei sollten sämtliche Punkte nacheinander berührt werden. Der Proband wurde vom Versuchsleiter ständig überwacht und von ihm angewiesen, keinen Punkt auszulassen. Gegebenenfalls sollte der Proband mit dem Stift zum zuletzt berührten Punkt zurückkehren. Gleichzeitig wurde mit einer Stoppuhr die Zeit genommen. Der Proband gab dem Versuchsleiter ein Zeichen, wenn er mit dem Nachfahren der Figur fertig war und die jeweils benötigte Zeit wurde in vorbereitete Protokollbögen eingetragen. Die Trainingsphase bestand aus zwölf Durchgängen, in der das Nachfahren der Figur mit der dominanten Hand geübt werden sollte.

In der Testphase führten zuerst die Kontroll-, dann die Transfergruppe viermal das gegenläufige Nachfahren der Figur mit der nicht-dominanten Hand durch. Auch für diese Phase gab es eine schriftliche Instruktion (siehe Anhang 5).

Befunde

Was mit diesem Versuch erreicht werden sollte, war die Überprüfung des Potenzgesetzes der Übung und der Nachweis des bilateralen Transfers.

Potenzgesetz der Übung. Nach Newell und Rosenbloom (zitiert nach J. R. Anderson, 1996) besteht zwischen der Zahl der Übungsdurchgänge N und dem Zeitbedarf pro Durchgang t folgende Beziehung:

$$t = a N^b$$

Um das Ergebnis weiter zu analysieren, logarithmiert man beide Seiten der Gleichung und setzt $\ln a = c$. Dadurch erhält man eine Gerade mit der Steigung b und dem Ordinatenabschnitt c, die lautet:

$$\ln t = c + b \ln N$$

In Abbildung 4 sind die Regressionsgerade und das Streuungsdiagramm für die Trainingsdaten der Transfergruppe dargestellt. Die logarithmierte Anzahl der Übungsdurchgänge log_n ist auf der x-Achse abgetragen, auf der y-Achse befindet sich die logarithmierte Durchgangszeit log_t.

Es zeigt sich deutlich eine negative Geradensteigung. Es besteht ein linearer Zusammenhang zwischen Durchgangszahl und Zeitbedarf, was für das Potenzgesetz der Übung spricht.

[Streudiagramm: LN_T gegen LN_N]

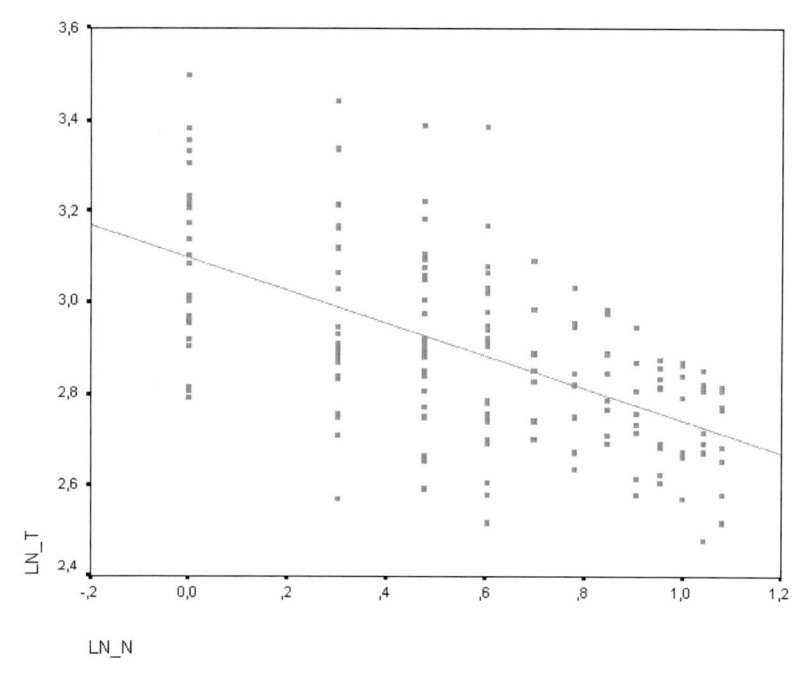

Abbildung 4. Streudiagramm und Regressionsgerade für die Transfergruppe in der Trainingsphase.

Als weitere Möglichkeit, das Potenzgesetz der Übung zu überprüfen, wurde ein Streudiagramm der Residuale (Abbildung 5) erstellt, dessen x-Achse wieder die logarithmierte Durchgangszahl darstellt. Auf der Ordinate befinden sich die Residuale. Wenn sich die Punktwolke nach beiden Seiten gleichmäßig um die Nullachse herum verteilt, gilt das Potenzgesetz der Übung als bestätigt.

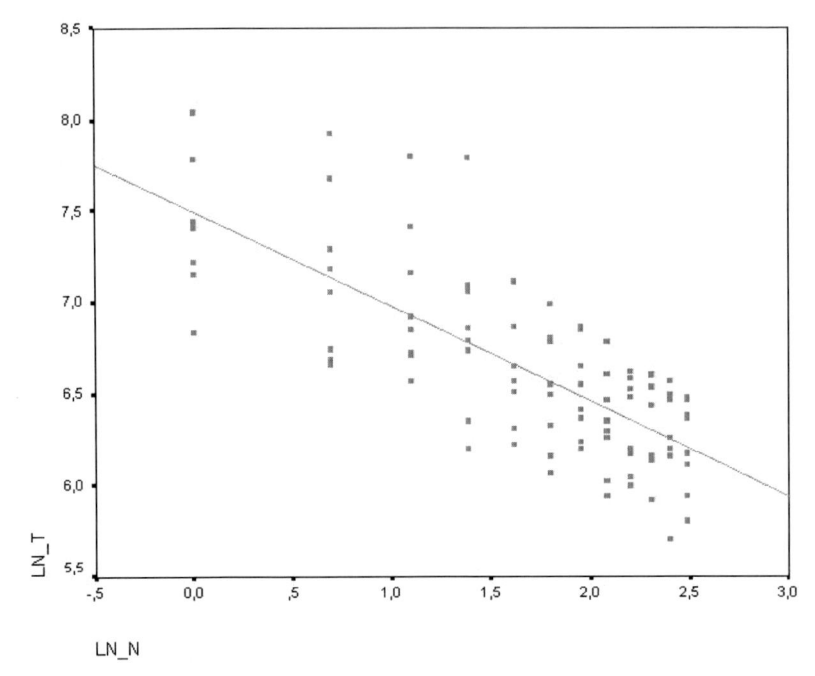

Abbildung 5. Streudiagramm der Residuale

Bilateraler Transfer. Mit der Berechnung des t-Test für unabhängige Stichproben ließ sich überprüfen, ob die Experimentalgruppe in der Testphase weniger Zeit benötigte als die Kontrollgruppe, ob also ein bilateraler Transfer stattgefunden hat.

Tabelle 2. *Kennwerte des Tests für unabhängige Stichproben*

Kennwerte	Transfergruppe	Kontrollgruppe
N	128	32
Mittelwert	841,95	1056,25
Standardabweichung	482,972	548,956
Mittlere Differenz	-214,30	-214,30

95% Konfidenzintervall; UG=-408,154; OG=-20,439; F=4,129 bei p=0,044; T=-2,183 mit df =158 bei p=0,030

Die Transfergruppe erreichte in der Testphase signifikant kürzere Durchführungszeiten als die Kontrollgruppe (bei einem Signifikanzniveau von α=0,5 und einem *p*-Wert = 0.044; siehe o.a. Tabelle).

Diskussion

Dieses Experiment sollte den bilaterale Transfer untersuchen und das Potenzgesetz der Übung überprüfen. Wie sich zeigte gilt das Potenzgesetz der Übung nur tendenziell. Es besteht eine lineare Beziehung zwischen Durchgangszahl und Durchgangszeit. Anhand der negativen Steigung der Regressionsgerade (Abbildung 4) erkennt man die Abnahme der benötigten Zeit zum Nachzeichnen der Sternfigur mit zunehmender Durchgangszahl. Also fand ein Übungseffekt statt (Bestätigung der zweiten Hypothese). Auch das Streudiagramm der Residuale (Abbildung 5) unterstützt das Potenzgesetz der Übung. Die Punktwolke verteilt sich bis auf ein paar Ausreißerwerte relativ gleichmäßig um die Nullachse.

Zum Nachweis des bilateralen Transfers wurden die Daten der Transfer- und der Kontrollgruppe aus der Testphase herangezogen. Die Mittelwerte der Gruppen wurden mittels t-Test für unabhängige Stichproben miteinander verglichen. Der Mittelwert der Transfergruppe lag deutlich unter dem der Kontrollgruppe. Damit hatte die Transfergruppe in der Testphase statistisch signifikant schneller abgeschnitten als die Kontrollgruppe. Die erste Hypothese ist somit bestätigt.

Literaturverzeichnis

Haubensak, G., Eisenhauer, M., Lachnit, H., Müller, B., Pieper, W. (2001). *Experimentalpsychologisches Praktikum II.* Justus-Liebig-Universität Gießen, Fachbereich Psychologie.

Houston, J. P. (1991). *Fundamentals about learning and memory.* New York: Harcourt Brace Jovanovich.

Woodworth, R. S. & Schlosberg, H. (1954). *Experimental psychology.* Revised edition. New York: Holt, Rinehart & Winston.